STATUTS ORGANIQUES

DE

L'UNION LYONNAISE

SOCIÉTÉ PROVIDENTIELLE

DES

COMMIS ET DES EMPLOYÉS

nés ou naturalisés Français.

LYON.

IMPRIMERIE ET LITHOGRAPHIE DE VEUVE AYNE,

Grande rue Mercière, 44.

—

1848.

STATUTS ORGANIQUES

DE

L'UNION LYONNAISE

Société providentielle

des

COMMIS ET DES EMPLOYÉS

Nés ou naturalisés Français.

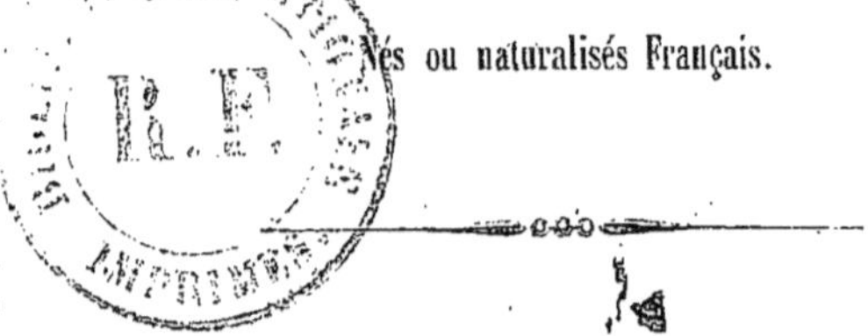

PRÉAMBULE.

Au nom et sous la protection des lois, avec l'autorisation des magistrats de la cité, avec l'assentiment du commerce et l'approbation de tous les gens de bien, cejourd'hui 14 mai 1848, s'est constituée définitivement l'*Union Lyonnaise*, association générale et providentielle des Commis et des Employés nés ou naturalisés Français.

Les principes de cette société sont : l'union dans les cœurs, la modération dans la force, la raison dans le droit, la puissance dans le nombre, l'autorité dans l'élection , la vie dans le travail, la bienfaisance dans le malheur. Son but est de prêter appui, conseil et assistance aux membres de l'Association que l'isolement a rendus jusqu'à ce jour délaissés, faibles ou malheureux.

Car l'isolement, c'est la faiblesse dans l'unité ; l'association, au contraire, c'est la puissance dans le nombre. Si l'union fait la force, elle fait aussi le bonheur.

Employés de toutes catégories , comptons-nous et nous saurons alors ce que nous pouvons. Notre avenir est entre nos mains , notre sort dépend de nous. Réunissons nos efforts, associons nos volontés, capitalisons nos moyens, nous pèserons dans la balance sociale de tout le poids de notre nombre, de nos lumières, de notre incontestable utilité.

Le travail, c'est la condition de l'humanité. Le travail, c'est le devoir du riche et la fortune du pauvre ; c'est la part que Dieu nous a donnée. Travailleurs de l'intelligence et de la pensée, acceptons courageusement notre lot, nous y trouverons le moyen d'une existence honorable et la satisfaction d'un devoir accompli.

Sur le sol nourricier de la France, il y a place pour tous au banquet de la vie, comme au soleil de la liberté.

Titre Ier.

Composition de la Société.

ARTICLE PREMIER.

La Société est universelle.

ART. 2.

Elle se divise en six sections, savoir :
La première, dite des Commis marchands en détail ;
La deuxième, dite des Commis marchands en gros ;
La troisième, dite des Employés de la Fabrique ;
La quatrième, dite des Voyageurs de Commerce ;
La cinquième, dite des Employés de Bureaux ;
La sixième, dite des Teneurs de livres et des Comptables.

ART. 3.

Le nombre des membres de la Société est illimité.

ART. 4.

Sont appelés à être sociétaires, tous les citoyens nés ou naturalisés Français, exerçant la profession de commis ou employés, salariés, dans le commerce en gros et en détail, dans la Fabrique, dans la Banque et généralement dans toutes les administrations industrielles de la ville de Lyon.

ART. 5.

Sont également appelés à être sociétaires, les commis ou employés qui, ayant perdu leur place, postulent un nouvel emploi.

Titre II.

Administration de la Société.

Art. 6.

L'administration de l'*Union Lyonnaise* est confiée à un bureau composé d'un Président, d'un Vice-Président, d'un Secrétaire en chef, de deux Secrétaires adjoints, d'un Trésorier et de six Commissaires.

Art. 7.

Ces titulaires seront nommés tous les ans, au scrutin secret et à la majorité absolue des suffrages.

Attributions des administrateurs :

Du Président.

Art. 8.

Le Président convoque les assemblées générales aux époques de l'année déterminées par le règlement, et les réunions particulières du Bureau toutes les fois qu'il le juge convenable.

Art. 9.

Il dirige les travaux, pose les questions et résume les discussions. Il maintient l'ordre et la dignité dans les séances. Il accorde ou retire la parole, selon l'opportunité. Il peut, au besoin, suspendre les débats et les renvoyer au jour qu'il croira devoir indiquer. Enfin, il peut infliger un blâme ou une amende, en cas d'infraction au Règlement.

Art. 10.

Il légalise, aux procès-verbaux, les délibérations de l'assemblée, et ordonnance les sommes à payer par le Trésorier.

Art. 11.

Le Président est supppléé par le Vice-Président toutes les fois qu'il est absent, lorsque le service le commande ou qu'il en est requis.

Art. 12.

La présidence et la vice-présidence sont honorifiques. Elles ne seront jamais rétribuées.

Des Secrétaires.

Art. 13.

Le Secrétaire en chef a seul le classement et la direction des archives, commises à la garde du Président.

Art. 14.

Le Secrétaire en chef et ses deux adjoints sont spécialement chargés de tout ce qui a rapport à la rédaction des procès-verbaux, des lettres de convocation ou d'avertissement, des comptes-rendus annuels des travaux de la Société.

Art. 15.

Le Secrétaire en chef recevra un traitement qui variera selon le nombre des Sociétaires.

Art. 16.

Ce traitement sera de 100 fr. pour 200 membres.
de 200 fr. pour 500 membres.
de 300 fr. pour 1,000 membres.
de 400 fr. pour 1,500 membres.
de 500 fr. pour 2,000 membres et au-dessus.

Art. 17.

Le Trésorier est dépositaire des fonds de la Société. Il est spécialement chargé du recouvrement de toutes les sommes qui doivent entrer dans la caisse de l'*Union Lyon-naise*, et du paiement de toutes celles qui doivent en sortir.

Art. 18.

Le Trésorier tiendra un compte exact des recettes et des dépenses. Ce compte sera balancé à la fin de chaque mois et soumis à la vérification du Président.

Art. 19.

Dans les Assemblées générales, le Trésorier signalera ceux des membres qui auront négligé d'opérer le verse-ment des douzièmes échus de la cotisation annuelle. Il deviendra responsable de ces sommes, s'il oublie lui-même de remplir cette formalité.

Art. 20.

En aucun temps, sous aucun prétexte, le Trésorier ne pourra payer une somme quelconque, sans que, au préalable, elle ait été votée par le Bureau et ordonnancée par le Président.

Art. 21.

Le Trésorier recevra le même traitement que les articles 15 et 16 accordent au Secrétaire en chef.

Des Commissaires.

Art. 22.

Les Commissaires sont les chefs de leurs sections respectives. Ils les convoquent en assemblées particulières, sous leur présidence, toutes les fois qu'ils le jugent nécessaire.

Art. 23.

Chaque section doit avoir son commissaire particulier. Cependant, quand deux sections réunies ne comporteront

pas un effectif au moins de cinquante membres, il sera
facultatif au bureau de placer ces deux sections sous l'autorité d'un seul Commissaire.

Art. 24.

Les Commissaires ont trois attributions distinctives :
1° la présentation des postulants à l'agrégation ; 2° le placement des Sociétaires sans emploi ; 3° la distribution des secours aux membres malades ou indigents. Dans toutes ces
questions, les Commissaires ont le droit d'initiative, mais
la décision appartient au bureau, qui accepte ou rejette les
propositions qui lui sont faites.

Art. 25.

Le commissariat est honorifique et gratuit. Les Commissaires sont tenus d'apporter une grande réserve, une convenance parfaite dans l'accomplissement de leurs honorables
et difficiles fonctions.

Titre III.

Mode et Condition d'admission.

Art. 26.

Pour avoir droit à l'agrégation, il faut être Commis ou
Employé, avoir de bonnes mœurs, mériter la recommandation de ses chefs.

Art. 27.

Il faut être né ou naturalisé Français, et avoir au moins
six mois de résidence à Lyon.

Art. 28.

Toute demande d'admission devra contenir le nom, l'adresse, la profession du postulant, et être adressée franco au Commissaire de la section à laquelle ledit postulant doit appartenir.

Art. 29.

Au besoin, les demandes d'admission pourront être adressées dans la même forme au Président, qui les fera parvenir aux Commissaires respectifs.

Art. 30.

Dans les huit jours qui suivront la demande, le Commissaire de la section désignée soumettra à l'appréciation du Bureau le résultat de l'enquête qu'il aura faite et lui donnera ses conclusions pour ou contre l'admission.

Art. 31.

Les cartes d'admission sont nominales et personnelles. Elles seront distribuées sans retard par les Commissaires, et échangées contre une rétribution fixe de 50 centimes.

Art. 32.

Il sera également délivré à tous les Sociétaires, pour la somme d'un franc, un livret imprimé contenant les statuts réglementaires de l'*Union Lyonnaise*.

Titre IV.

De l'Exclusion.

Art. 33.

Tout Sociétaire qui commettra des fautes graves, fera

une bassesse ou forfaira à l'honneur, sera rayé du tableau de la Société, qui l'exclura de son sein.

Art. 34.

L'exclusion d'un membre aura lieu à la majorité absolue de tous les Sociétaires inscrits au tableau.

Art. 35.

Tout membre qui aura refusé de payer sa contribution pendant trois mois consécutifs sera considéré comme démissionnaire.

Art. 36.

Seront exclus les membres qui, par des menées ou des insinuations malveillantes, chercheraient ostensiblement à jeter la désunion ou la discorde dans le sein de la Société.

Art. 37.

Tout membre exclu ou démissionnaire perdra ses droits de Sociétaire et ne conservera aucun recours contre la Société.

Art. 38.

Le Bureau préviendra par écrit les membres frappés d'exclusion, et leur fera connaître les raisons qui ont provoqué cette mesure.

Titre V.

Cotisation et Emploi de fonds.

Art. 39.

Un capital social sera fondé pour les besoins de l'*Union Lyonnaise.*

Art. 40.

Ce capital se composera :

1° De la rétribution annuelle de chaque Sociétaire ;

2° Des 50 centimes provenant des cartes d'admission ;

3° Du produit de la vente des livrets réglementaires ;

4° Des amendes encourues par les Sociétaires délinquants;

5° De la prime de réception imposée à tout postulant.

Art. 41.

La cotisation annuelle pour chaque Sociétaire est fixée à 24 francs par an.

Art. 42.

Elle est exigible par douzième. Elle sera versée tous les mois dans les mains du Trésorier, qui en fournira récépissé.

Art. 43.

Les amendes seront d'un franc au plus, et de 50 centimes au moins.

Art. 44.

La prime de réception imposée à tout récipiendaire sera de 24 francs par an, à partir du 1ᵉʳ janvier 1849.

Art. 45.

Les fonds présumés nécessaires aux besoins journaliers de l'Association sont fixés à 200 fr.

Art. 46.

Au-dessus de cette somme, tous les fonds existant seront déposés à la caisse d'épargne pour y rapporter l'intérêt légal.

Art. 47.

Le Trésorier ne pourra faire aucun retrait ou versement de fonds sans l'autorisation signée du Président.

Art. 48.

En cas de dissolution, les fonds appartenant à la Société, toutes dettes payées, seront versés dans les caisses des divers bureaux de bienfaisance de Lyon et des communes suburbaines.

Titre VI.

Placement et Secours.

Art. 49.

Toute recommandation, toute sollicitation d'emploi, toute présentation de sujet, sera faite au nom de la Société, par le Président, accompagné du Secrétaire en chef et d'un Commissaire de section.

Art. 50.

Tout Sociétaire qui aura perdu son emploi, s'il veut avoir recours à la Société, devra en donner avis au Commissaire de sa section, lequel ira aux informations et fera son rapport au Bureau.

Art. 51.

Si le rapport du Commissaire est favorable, le Bureau prendra une note exacte du nom, de l'âge, de la capacité du membre désigné, afin de lui procurer un emploi qui soit approprié à ses besoins et à ses facultés.

Art. 52.

Si l'enquête n'est point favorable, le Bureau s'abstiendra par la raison que la Société ne doit rien à celui qui ne sait se conduire lui-même.

Art. 53.

Tout Sociétaire malade ou sans emploi, sur la recommandation motivée du commissaire de la section, recevra une allocation de 2 fr. par jour, pendant les trois premiers mois.

Art. 54.

Si la maladie ou la cessation d'emploi se prolonge au delà de trois mois, l'allocation accordée sera de 1 fr. 50 cent. pour les trois mois suivants.

Art. 55.

Au bout de six mois, la Société continuera d'allouer 1 fr. par jour pendant tout le temps que le Sociétaire sera malade ou sans emploi.

Art. 56.

Quelle que soit la position individuelle des membres de l'*Union Lyonnaise,* la cotisation mensuelle est toujours obligatoire pour eux.

Art. 57.

Nul ne peut prétendre aux secours de la Société, s'il n'en est membre depuis six mois, et s'il n'a régulièrement payé les douzièmes échus de la cotisation annuelle.

Art. 58.

Tout Sociétaire qui continuerait à recevoir des secours après la reprise de ses travaux, commettrait un abus de confiance, et, pour ce fait, serait rayé du contrôle de la Société.

Art. 59.

Tout Sociétaire qui, étant rétribué pour cause de cessation d'emploi, aurait trouvé une place nouvelle, et ne l'aurait pas acceptée , perdrait son droit à l'allocation qui lui serait immédiatement retirée.

Art. 60.

En cas de maladie, tout Sociétaire a le droit de se faire traiter gratuitement par le médecin de la Société.

Art. 61.

En cas de décès de l'un de ses membres, la Société alloue une somme de 60 fr. pour les frais de son inhumation.

Art. 62.

Les membres du Bureau et tous les Sociétaires sont tenus d'assister en corps aux funérailles des membres décédés.

Art. 63.

Tout refus de concours dans ces circonstances sera puni d'une amende de 1 fr.

Titre VII.

Convocations , Séances et Assemblées.

Art. 64.

Les convocations seront faites par lettres closes, signées du Secrétaire en chef par délégation du Président.

Art. 65.

Elles seront portées gratuitement à domicile, vingt-quatre heures au moins avant la réunion.

Art. 66.

Le Bureau se réunit en séances particulières toutes les fois que le Président croit devoir le convoquer, comme il est dit, art. 8.

Art. 67.

La Société se réunit en assemblée générale, le premier dimanche de chaque mois.

Art. 68.

Les Assemblées mensuelles sont obligatoires. Les membres qui, sans motif valable, s'absenteront, seront passibles d'une amende de 1 fr.

Art. 69.

Les Sociétaires s'interdisent toutes discussions politiques et religieuses, toutes disputes personnelles, toutes collisions.

Art. 70

Dans l'Assemblée générale du premier dimanche du mois de décembre, la Société élira les Membres du nouveau bureau, dont les fonctions devront commencer avec la nouvelle année.

Art. 71.

Dans l'Assemblée générale du premier dimanche de janvier, le Bureau sortant rendra ses comptes à la Société, et cédera, séance tenante, l'administration aux Membres désignés pour les remplacer.

Art. 72.

Les membres sortant sont rééligibles.

Titre VIII.

Dispositions transitoires.

Art. 73.

Les Sociétaires sont égaux entre eux. Ils ont tous voix délibérative. En cas de partage dans les discussions, le Président a voix prépondérante.

Art. 74.

La Société s'interdit la révision entière de ses statuts réglementaires, mais elle se réserve la faculté d'adjonction et de révision pour quelques articles supplémentaires dont l'expérience ferait sentir la nécessité.

Art. 75.

Toute demande d'adjonction ou de révision au Règlement sera adressée au Président et signée de sept Membres au moins.

Art. 76.

Le Président soumettra les demandes de cette nature aux délibérations de la Société convoquée en Assemblée générale et extraordinaire.

Art. 77.

Tout Sociétaire que les circonstances forceraient de s'éloigner de Lyon, pourra rester Membre correspondant de la Société, et conserver ses droits, s'il continue de payer sa cotisatiou mensuelle.

Art. 78.

La dissolution de la Société aura lieu si les trois quarts des Membres la demandent.

Art. 79.

Dans le cas de dissolution, les fonds de la Société seront distribués comme il l'est dit à l'art. 48. Les livres et archives resteront à la garde du dernier Président, qui les conservera, dans toute prévision, pendant dix ans.

Titre IX.

Administration.

Formation et Composition du Bureau.

MM. GELY (J.-J.) , *Président,* rue Champier, 11.

MANDIER , (P.-P.) , *Vice-Président,* rue du Garet, 4.

DILIGENT (Philippe) , *Secrétaire en chef,* rue Neuve, 29.

DARNAUD (Siméon) , *Trésorier,* rue d'Algérie, 1.

Commissaires des Sections.

1re *Sect.*, des Commis marchands en détail 2e *Sect.*, des Commis marchands en gros	M. PERRIER (J.-F.), *rue Ecorchebœuf,* 9.
3e *Sect.*, des Employés de la Fabrique 4e *Sect.*, des Voyageurs de Commerce	MOUSQUIÈRE (Ch.J.J.), *rue Désirée,* 9.
5e *Sect.*, des Employés de Bureau 6e *Sect.*, des Teneurs de Livres	M. TEISSIER (Régis), *rue Ste-Hélène,* 17.

Certifié conforme au Registre des délibérations :

Signé GÉLY, *président.*

Et par délégation,

DILIGENT , secrétaire en chef.

LYON. -- Imprimerie de veuve AYNÉ, rue Mercière, 44.